Manuel Rietz

Ehranbietung

Gedichtband

Manuel Rietz

Ehranbietung

Gedichtband

Bibliografische Information der Deutschen Nationalbibliothek:
Die Deutsche Nationalbibliothek verzeichnet diese Publikation in der
Deutschen Nationalbibliografie; detaillierte bibliografische Daten sind im
Internet über http://dnb.dnb.de abrufbar.

Lektorat: Patricia Bartz
Korrektorat: Patricia Bartz

Verlag: BoD • Books on Demand GmbH, In de Tarpen 42,
22848 Norderstedt
Druck: Libri Plureos GmbH, Friedensallee 273, 22763
Hamburg

ISBN: 978-3-7597-7764-5

Danksagung:

Mein Dank gilt Patricia Bartz für das Korrigieren und Verbessern dieser Sammlung. Danke dir für all die vielen Jahre Freundschaft.

5 Minuten

Sie sah ihn an
sein Herz ward schwach
So sehr er sie auch haben will
er bekommt sie nie.

5 Minuten hast du noch
5 Minuten vergehen schnell
in 5 Minuten, bist nur ein Schatten deiner selbst.
In 5 Minuten ist dein Herze weg.
An sie verloren in 5 Minuten.

So schreie laut
was du empfindest
denn dir bleibt
nur wenig Zeit.

5 Minuten hast du noch
5 Minuten vergehen schnell
in 5 Minuten, bist nur ein Schatten deiner selbst.
In 5 Minuten ist dein Herze weg.
An sie verloren in 5 Minuten.

Kämpfe um Sie
lass es bleiben
dann hast verloren
sie für alle Zeit.

5 Minuten hast du noch
5 Minuten vergehen schnell
in 5 Minuten, bist nur ein Schatten deiner selbst.
In 5 Minuten ist dein Herze weg.
An sie verloren in 5 Minuten.

Hast du sie
so lass nicht los
Denn sie hat dein Herz
Denn sie hat dich ganz allein!

Dämon

Wir wollen eure Seelen
wollen euch verderben, nur im Leide sein
Euch die Herzen rauben.
Verbrennen in dem großen Feuer
Wollen euch vernichten.

Verderben und zerreißen
euch ins Feuer werfen
Euch die Herzen entreißen, zerfleischen und zerfetzen
Die Verderbnis wir nur bringen
wollen führen euch zur Hölle fein.

Holen was dem Himmel verwehrt
die Hölle es begehrt
Geben euch mehr Frieden als sich gehört
Wollen verderben euer kleines Herz
werdet brennen in der Qual

Verderben und zerreißen
euch ins Feuer werfen
Euch die Herzen entreißen, zerfleischen und zerfetzen
Die Verderbnis wir nur bringen
wollen führen euch zur Hölle fein.

Unser Feuer wird verzehren
euer kleines Herz.
Ihr habt keine Wahl sondern nur die Qual
Schließt uns an, verdorben für alle Zeit
Eure Qual ist uns're Freud
Wir sind Dämonen der ew'gen Zeit.

Baum

Es steht ein Baum
auf einer Klippe
einsam
und allein

Tief unter ihm
ein Leuchtturm
steht

Die Erde bebt
die Klippe bricht
der Baum nun stürzt
der Turm zerstört

Nun steht der Baum
einsam und allein
tiefer
aber frei

Geist

In der Nacht
erhebt sich leis'
ein Schatten

Geschwind gleitet er
einsam durch die
kalte Nacht

Vor Augen geschützt
schleicht er durch
die Straßen

Sein Herz ist kalt
Doch er springt vor
lauter Freud

Doch leider baumelt
sein einz'ger Körper
seit Stunden

Gehalten durch
einen Strick
am Baum.

Der Tag naht
und erlöst
die gequälte Seele

Geeint

Dunkel und kalt
die Nacht uns umgibt
stehen wir geeint
im Freundeskreis

Mit Waffe und Schild
in der Hand
stehen wir geeint
im Freundeskreis

Es fällt der erste
Es fällt der zweite
im Morgengrauen
nur einer lebt

Er weint den ganzen Tag
die Nacht bricht an
holt geschwind
den letzten Mann

So sind all
vereint im Dunkel
so sieht sie der Tag
nie wieder mehr.

Leid

Es möge schweigen
das einsame Herz
Hört das leise
Flehn der Seele

Keiner hört das
Flehn der Seele
Jeder nur verschließt
die Augen davor

Alle wollen nur
das Beste machen
Doch keiner kann
in Wahrheit helfen

Es stirbt einsam
das Herze
Es gehet ein
die einsame Seele

Kein Halt
kein End
denn das Licht
am End
auf ewig
verwehrt.

Licht

Steh' im Dunkel
uns'rer Zeit
Einsam und allein

Dann kamst du
mein geliebter Engel
brachtest Licht

Zeigtest mir den
Weg zum Tag
Erlöstest mich

Folge dir
wohin du gehst
Will bleiben dein

Darum nimm allein
mein armes Herz
bring Gnad

Bin nur deins
auf alle Zeit
im ew'gen Licht.

Liebe

Liebe ist
ein kostbar Gut
Hebt sie ewig
ist's gar gut

Liebe vergeht
wenn nie erwidert
verfallt das
liebend Herz

Ohne liebend Herz
bist du gefallen
Gefall'ne werden
nur verstoßen

Drum achte
aufs Herze
damit bleibt
Liebe fein

Halte dein
kleines Herze
verschenk es
nur einmal

Ist's weg
so wird's geehrt
oder gar
verdorben

Dein Herz
ist rein
mein Herz
ist kalt

Deine Augen
deine Stimme
erwärmt mein
kaltes Herz

Nimm mich
wie ich bin
erlös mich
vom kalten Herz

Liebe ist
unvergänglich
drum halte
sie auf ewig
in Ehren

Zeit

Die Zeit die eilt
schneller, schneller, schneller
alles eilt dahin

Gemütlich fließt ein Fluss
doch eilet sehr
das Schiff darauf

Es denken die meisten
nur an heut
nie an morgen.

So stehen sie
vor den Scherben
ihres Seins,

Doch Freunde bleiben
für alle Zeit
Nur eins ist gewiss
Freunde kauft man
Nie!

Reh

Ein Reh im Walde lebt
genüsslich kaut frisches Gras
hat seine Ruh

Da schleicht ein Mensch
zum Reh heran
hat 'ne Waffe mit kaltem Glanz

Reh lauf weg
doch du siehst
nur das Gras

Ein Schuss
das Reh, tot
der Jäger glücklich

Es stand ein Reh
im Walde nun ist's leer
denn `s ist tot.

Schiff

Ein Schiff im Hafen liegt
Qualm die Stadt einhüllt
Das Schiff läuft aus
aufs off'ne Meer.

Das Schiff entdeckt
der Angriff beginnt
die Flak feuert nur bedingt
die Bombe sie trifft das arme Schiff

Es fährt, es kämpft
kein Hafen keine Rettung
das Öl wird knapp
die Munition verbraucht

Der Versorger weit entfernt
der Angriff erneut beginnt
Das Schiff sich bäumt
doch noch lebt

Die Rettung naht
das Schiff schwer brennt
die Waffe nicht mehr da.
Weit erhellt die dunkle Nacht.

Geschleppt das Schiff
zum nächsten Hafen
die Waffe erneut
es läuft zur letzten Schlacht

Kaum draußen im off'nen Meer
kommt der Angriff zum letzten Mal
die Waffen feuern
die Hölle sie bricht los

Lichterloh das Schiffe brennt
Löcher überall, das Schiff
noch fährt
nur der Feind noch schießt

Leise schließt die See es ein.
Nur dann es knallt
zum letzten Mal
Nun es sinkt ins stille Grab

Die letzte Fahrt zu Ende ist
der Qualm verzieht
das Schiffe fehlt
nur Leere herrscht

Feuer

Feuer das die Nacht erhält,
Feuer das die Kälte treibt
und dir bringt die reine Wärme

Feuer was besteht
Feuer welches dich leitet
welches dir Erlösung bringt.

Feuer was verzehrt
nie mehr gebärt
nur Erlösung mit sich bringt

Phönix allein
aus der Asche wiederkehrt
Feuer liebt ihn umso mehr

Feuer hat euch zum Verzehren gern
frisst euch auf
lässt nur Asche da

Amirasa

Deine Schuppen so rot
Dein Feuer so heiß
selbst Stahl darin schmilzt

Du roter Riese im hellen Tag
dein Rot so schön
so wunderbar

Amirasa roter Drache
erfüll die Welt
mit deiner Gnad

Amirasa, wunderschön
zeig dein Rot
in der Abendsonne

Entfessel deine Kraft
zermalme deine Feinde
errette deinen Freund

Zeig dein Feuer
Zeig deine Macht
in dunkelster Stund

Verbrenne errette
Feind und Freund
Amriasa roter Drache

Dein Name
Macht allein
du nur Frieden bist

Was du mir gibst

Du bringst Ruhe
in den tobend Sturm
bringst mir Licht
in der dunklen Zeit

Gibst mir Wärme
in der kalten Zeit
Bringst mir Gnade
in schwerer Zeit.

Dein Herz so rein
deine Haut so weich
Deine Seel die Lichter
deine Augen der Frieden.

Erlöse mich
von dem Leid
in dem kleinen Herze
will nur deines sein.

Dir alleine will ich dienen
dir nur Ehre bringen
lasse mich
für dich in die Hölle gehen

Alleine für dich leben
dir meine Gnade geben
für dich tanzen
in der kalten Nacht

Du brachtest mir
den Frieden
stehe in deiner Schuld
für alle Zeit

Nur für dich

Will nur sein
deine Wache dein Diener
auf ewig bei dir sein

Tanze auf dem Tische
Tanze im Meer aus Blut
Das Feuer in mir
nie erlischt

Sah dich in der Nacht
Sah dich am Tag
Will nur eins
ewig bei dir sein

Reis mir das kleine Herze raus
Tanze auf mir
den Tanz der Ewigkeit
Nur die Seele
mag sein dir verfallen

Nimm mich ganz
mit Haut und Haar
lass mich dienen dir
Alle Zeit

Will für dich sterben
in die Hölle geh'n
Auf alle Zeit
dein Sklave sein.

Tanze nur für dich
auf dem Tische
spiele nur für dich
das Lied der Ewigkeit

Peitsch mich
folter mich
reiß mir
das Herze raus
schließ es weg
alle Zeit

Dir verfallen
ich nur bin
möchte nur eins
dir dienen alle Zeit

Du sahst mich nie
du hast nie gesehen
meinen einzigen Wunsch
Tanze auf dem Tische
tanze in der Nacht
bis mein Herze
wird zu kaltem ew'gen Eis

Niemand mehr,
mich je erhält
nie mehr meine Gnade sieht
Kalt das Herz schwarz die Seel'
Drum tanze ich
in der kalten Nacht

Du siehst mich
doch ich falle
reiß mich, töte mich
zerfetze mich
im Gnadenschein
des ew'gen Lichts

Will nur eins
ewig bei dir sein
ewig nur dein Sklave sein
ewig nur
mit dir tanzen
alleine nur deines sein.

Nimm
halte
was auf ewig
sonst die Hölle ziert
Der Himmel mich verhöhnt
Die Hölle mich verspottet

Verdammt auf Erden
nur dich begehren
auf alle Zeit
deines sein.

Tanzen in der Nacht
auf den Tischen unsrer Zeit
geeint wir sind
die Meister dieser Zeit

Erdkreis

Die Erde steht in Flammen
Will nur Frieden finden heut
Hat sich entstanden
um Frieden zu finden.

Heute brennt gar helle
des Erdkreises letzter Tag.
Sie brennt leise
will nur Frieden
will nur finden ihre letzte Ruh'.

Erde dreh dich, dreh dich weit.
Willst nur finden Frieden.
Heute drehst du dich, morgen leidest du
Alles lässt dich leiden, alles will deinen Tod.

Heute brennt gar helle
des Erdkreises letzter Tag.
Sie brennt leise
will nur Frieden
will nur finden ihre letzte Ruh'.

Dreh dich um den Stern
vergesse deine Qual
Lasse dich nur treiben
in der weiten Vergessenheit
finde nur deine Ruh

Zukunftsschmerz

Die Nacht, die uns umgibt
nach unserm Leben trachtet
das Herze nehmen will
die Seele haben will

Nur das Licht uns am Leben hält
doch die Nacht uns nehmen will
Halte fest die Liebe, halte fest
was du beschützen willst

Nur allein dein Leben nur alleine
deine Liebe nur dein Herz
nur deine Seele
die Nacht zum Tage macht

Heute tanzen wir
morgen sterben wir
wir sind vereint
im ew'gen Chor

Heute siehst du
morgen fällst du
halte dich
immer fest denn das Ende
kennt kein Erbarmen

Du siehst Licht
doch du sahst nur
dein eignes Ende
Denn das Licht ging
schon lange verloren

Heute tanzen wir
morgen wollen wir
nur noch sehen
den neuen Tag
das neue Leben, denn das Feuer
der Zeit hat verschlungen
unser Herz

Wir sehen, wir sahen nur
das Heute nie das Morgen
Nun stehen wir in den Trümmern
unsres einzigen Seins

Erkenntnis

Feuer, die Hölle hat uns
Drum flehe ich
Nehmt mich
Den Fürst der Magie
Schmeißt mich hinab in den
Pfuhl der Unendlichkeit

Heute Tanze ich
auf dem Tische
dieser Zeit und nur
die Allmacht allein erkennt
die Macht
die jeder hat

So wollen wir sie nutzen
die Welt zu verbessern
unsre Nacht zum Tage zu machen
Die Finsternis zu verdammen
die Magie zu erkennen
die Gnade erlangen

Die Nacht ist unser Tod
der Tag die Errettung
drum sind wir
Freunde allein

Nur allein
was bestand im Feuer
das auf ewig brennt
die Leidenschaft nie mehr erkennt
hat erkannt
was auf ewig hat Bestand

Drum gebt euch hin dem einen Tod
zu erkennen
Dass das Ende
nur der Anfang ist

Macht

Ich habe die Macht
euch zu brechen
ich habe die Macht
euch zu quälen

Tanzt euch die Seele aus dem Leib
sonst fress' ich sie
reißt euch die Herzen raus
sonst zerfetze ich diese

Heut, habt mich gefunden
Heut, habt mich gejagt
seit gefallen wie die Fliegen
in eure kalten Gräber still

Ich habe die Macht
euch zu heilen
Ich hab die Macht
euch zu verderben

Ich heile euch mit meiner Macht
denn ihr seid es wert

Schatten

Ich seh' eure Seelen
seh' eure Herzen
will sie euch entreißen
will sie nur zerfetzen

Ihr habt versagt
bin wieder auferstanden
schreite weiter durch die Welt
bin der Schatten der euch verschlingt

Ihr habt mich losgelassen
mich entfesselt
Ich werde euch zerfetzen
euch zerfleischen.

Ihr habt verloren
ihr habt versagt
nun wisst ihr
ich bin für euch der Tod

Bring euch das Leid
Bring euch die Qual
zerfetze eure Seelen
zerreiße eure Herzen

Bring euch Leid
Bring euch Qual
Bin der Schatten der verdirbt
der euch verschlingt

In der kalten See

Es weht der Wind
übers kalte Meer
Fährt allein
ein einzig' Schiff

Rauch drüber steht
Flammen wüten übers Deck
kalter Stahl
glühend heiß

Keiner sieht
wie's brennend steht
das einsame Schiff

Weiter fährt's
durch die kalte See
sucht nur eins
Erlösung

Flammen wüten,
das Schiff sich neigt.
Die kalte See
der letzte Freund.

Ein Blitz
gejagt von Lärm
gefolgt von Totenstille
So ist's gewiss

Das Schiff nimmermehr fährt.
Denn es ruht auf ewig
in der kalten See
auf ewig
vergessen

Leben?

Blut fließt, birgt Leben
Herz schlägt, Wärme pulsiert
Blut versiegt, Leben verbleicht
Herz verstummt, Wärme versiegt

Dem Tod nie entrinnst,
Der Tod ewig siegt
Leben? Zu schade! Leben? Zu kurz!
Drum die Wärme im Herz
Halt auf ewig fest

Feuerschein

Am Himmel leuchtet hell ein Stern
In seinem Lichte vergeht das Dunkel.
Unter dem Erdenmantel erhebt sich leis'
der Widerstand.
Auf, auf liebe Seel' erheb dich laut mit Gebrüll.

Es schwebt hoch am Himmel der helle Stern
lässt alles in seinem Feuerschein erleuchten
Meint es nur gut mit uns.
Doch er brennt zu hell auf uns herab.

Sein Licht erleuchtet uns're Dunkelheit
Will nur bringen Frieden.
Brachte uns nur das Leid
Will nur helfen, schafft nur Qual.
Heute wird er brechen auf des Erdmantels letzter Schicht.

Es schwebt hoch am Himmel der helle Stern
lässt alles in seinem Feuerschein erleuchten
Meint es nur gut mit uns.
Doch er brennt zu hell auf uns herab.

In seinem Licht fängt das Singen an
Fängt an der Menschen Tanz
Heute tanzen alle im Feuerscheine des großen Sterns.
Wollen nur Frieden, finden nur Leid.

Sein Licht erlischt, alles wird vergehn, doch eines wird bestehen
bleiben

UNS'RER SEELE FEUERSCHEIN.

Das Schiff

Sie läuft aus zur großen Fahrt
möchte nur dienen ihrer Besatzung.
Fährt über das Meer
sucht die Gegner.

An Deck steht die Mannschaft
salutiert und brüllt: Senaronim.
Sie fährt leis' durch das Meer.
Nur grau in grau.
Der schöne Stahl.

Sie fährt auf das Meer.
Lässt ertönen ihrer Waffen dumpfer Schlag.
Es bricht der Höllen Pforten.
Es schlagen ein, die Granaten.
Es bricht auf des Schiffes Rumpf
eine Feuersäule und es kehrt Ruhe ein.

An Deck steht die Mannschaft
salutiert und brüllt: Senaronim.
Sie fährt leis' durch das Meer.
Nur grau in grau.
Der schöne Stahl.

Sie fährt weiter.
Trotzt dem Sturm
Trotzt allem Ungemach
Will nur heimbringen ihre Mannschaft.
Sie fährt heimwärts.
Will nur finden den Hafen
Will nur heimkehren

An Deck steht die Mannschaft
salutiert und brüllt: Senaronim.
Sie fährt leis' durch das Meer.
Nur grau in grau.
Der schöne Stahl.

Da ist das Loch in der Wolkendecke.
Bricht los das Höllenfeuer.
Reißt ihr weg
Reißt die Besatzung fort.
Es brechen die Wellen, es
brechen die Granaten.
Doch sie bleibt ungebeugt.
Der schöne Stahl er vergeht ganz leis'.
Bäumt sich auf zum letzten Mal.
Heute wird sie zeigen ihre volle Macht
Bringt nur den Fluch der toten See.

O du schöner kalter Stahl vergessen wirst du nie.
Denn deine Kühle ist für uns der Segen.
Heute sahen wir dich sinken, doch du lebst in uns weiter.
O du schöner grauer Stahl
Lang lebe deine Schönheit.

Tod

Er schleicht durch die Welt
er holt euch, wenn die Zeit euch fallen lässt.
Ihr habt keine Chance, er ist überall.
Seine Macht ist ungebrochen
euer Leben hängt am seidenen Faden.

Tod, komm hol dir deine Beute,
hol dir ihre Seelen, führ sie in dein Reich.
Zeige ihnen was sie taten
Was galt zu tun, was nie geschah.
Tod hol sie dir und reiß sie aus dem Leben.

Er ist euer Ende,
Der Qualen Anfang, der Liebe Untergang.
In der Nacht findet ihr nur Gnade.
Nur nicht bei ihm.
Der Tod nimmt euch die Liebsten weg,
lässt euch in Trauer vergehen.
Will er doch nur eure Seele.

Tod, komm hol dir deine Beute,
hol dir ihre Seelen, führ sie in dein Reich.
Zeige ihnen was sie taten
Was galt zu tun, was nie geschah.
Tod hol sie dir und reiß sie aus dem Leben.

So holt er euch, so will er euch vernichten.
Heute Abend brennt ihr aus dem Leben.
Könnt euch nicht wehren, verliert den Kampf.
Er wird siegen, ihr werdet sterben.

Die Gnade hofft ihr zu finden.
Nur findet ihr
Den TOD
Der Tod holt euch, bringt euch heim und nimmt euch alles.

Tod, komm hol dir deine Beute,
hol dir ihre Seelen, führ sie in dein Reich.
Zeige ihnen was sie taten
Was galt zu tun, was nie geschah.
Tod hol sie dir und reiß sie aus dem Leben.

Lebt, als wenn es das Letzte ist was ihr tut
Er kommt im Dunkel der Nacht. Nehmt euch die Seele
Will euch im Leide sterben sehen.
Heute nur findet ihr nur eines

Die Qual

Es bricht der Erdkreis
es erhebt sich leis' der Drache
Ew'ges Feuer brenne weit, brenne tief dich in unsere Herzen rein.
Drache erheb dich leis' und fliege hoch.
Fliege über unsere Städte, bringe Feuer.

Drache, Drache
fliege hoch, fliege weit
brenne durch unsere Herzen
zeige uns deine Macht
Brenne durch der Welten Kern.

Brennt der Wald gar stark
brennt das Meer im Feuerschein.
Drache, so lass dich nicht halten,
halten auf durch unsere Macht.
Reise auf deiner Reise unsere Seelen aus.

Drache, Drache
fliege hoch, fliege weit
brenne durch unsere Herzen
zeige uns deine Macht
Brenne durch der Welten Kern.

Brenn durch der Welten Kern
o du großer Drache
lasse uns spüren der Welten Zorn
Verbrenne unsere Seelen
entreiße uns die Herzen
Verbrenne unsere Körper
Hinterlasse nur Asche
Zeige uns das reine Feuer

Letzte Fahrt

Im Dunkel der Nacht leis' bewegt
ein Schatten in der Nebelwand
Ein Schiff dort sich verbarg.
Nun ist's da und zeigt uns die breite Seite.

Des Schiffes letzte Fahrt
beginnt vor der Tür
vor dem Hafen das es schützte
Da fährt es in die dunkle Nacht.

Heute brennt es in der Nacht.
Ganz allein auf off'ner See.
Nichts sieht wie es brennt
Flammen schlagen hoch.
Die Luft sie glüht rot, vor Hitze

Das Schiff fährt weiter,
will erreichen nur den Hafen
Das Feuer zehrt an ihm.
Die Flammen bringen Leid und Qual
Doch es fährt noch weiter.

Ein lauter Knall, ein heller Schein.
Nun ist's gewiss
Es verlor den Kampf
Da geht es hin, ein letztes Aufrichten
Dann verschlang der Welten Meer es ganz.

Tanz der Sehnsucht

Lasset meine Seele brennen in dem Feuer,
lasset brennen die Welt im ew'gen Feuer,
ich tanze auf dem Messer, auf der Schneide meines Endes,
leide leise in der weiten Welt, möchte nicht sehen wie Leid zerfrisst.
Möchte nur eines, eines, eines, eines: für dich leiden, möchte nur
deines sein.
Will für dich nur leiden, für dich sterben leise,
mögest mir verzeihen dass ich fallen werde.

Ich tanze leise den Tanz der toten Wache, diene nur dir, nur, nur, nur
dir.
Möchte, möchte, möchte nur leiden, nur für dich leiden.
Tanze leise auf mir rum, tanze, tanze, tanze mich ins Grab hinein.
Reiße mir das Herz aus der Brust nimm es dir, es gehört nur dir.
Es gibt nur einen Menschen, der bist du.
Lasset tanzen meine Seele auf dem Messer heute.
Möchte doch nur eines, eines, eines, eines: für dich leiden.
Entreiße dich des Grabes Kälte, reiße dich heraus, lass mich für dich
kämpfen,
nur, nur, nur für dich allein. Lasse mich für dich kämpfen, lasse mich
nur dienen,
nur, nur, nur, nur eines machen: für dich da zu sein. Tanze nur für
dich, den Tanz meiner Seele, den Tanz des leisen Leidens.

Nur noch eines, eines, eines, eines: will für dich leiden
nur noch eines, eines, eines, eines, eines: will für dich leiden
nur noch Tanzen auf des Messers Todesschneide, nur leiden für dich
allein.

Ich tanze auf dem Tische heute tanze im Takte meiner Qual, tanze
nur allein
heute auf dem Tischlein.
Reiße mir aus der Brust das Herz, nimm es hin und behalte es gern.
Es gehört nur dir, nur dir, nur dir, nur dir allein, ganz allein.
Ich geb' es dir aus voller Lust möchte dir nur dienen, nur dir dienen.
Lass mich bitte dienen nur dir allein.

Ich reise durch die dunkle Welt durch die dunkle Zeit.
Im Dunklen sehe ich Licht, doch es reiset weg von mir
so bleibet es nur dunkel heute und verderbet alles.
Nur nicht das Herz in meiner Brust, es schlägt nur für dich allein.
Lasse mich für dich nur sterben, nur für dich allein
lasse mich für dich nur arbeiten deiner Seele Last ertragen.
Lass zu, dass ich sie nehme von dir dass du atmen kannst.
Ich sterbe für dich ganz, ganz gern und leide nur für dich dahin
und trage mit die Last des Herzens.
Dein Herz hat lang genug gelitten lasse mich für dich nun leiden,
tragen deines Herzens Last.
Ich möchte, möchte, möchte, möchte, möchte für dich leiden
ich möchte, möchte, möchte, möchte, möchte für dich leiden
nur für dich allein in der Schlacht bestehen.

Ich diente dir schon Ewigkeiten möchte es noch einmal tun.
Find ich doch den Tod so bleib ich dir doch treu.
Steh hinter dir, diene dir allein, steh für dich da
fange ab was kommen mag sterbe für dich in der Nacht.
Möchte für dich stehen in der großen Schlacht.
Schütze dich mit meinem Schilde, kämpfe mit dem Schwerte.
Entscheide du was aus mir werden soll
und töte mich wenn du mich nicht mehr brauchst.
Reiß mir das Herz heraus zermalme es mit deiner Macht.
So nimm mich hin und vernichte mich.
So nimm, so nimm, so nimm mich hin und vernichte mich gar heute.

Forme mich wie du mich brauchst ich gehör nur dir ganz allein.
Ich hab mich entschieden nur dir zu dienen nur dir ganz allein.
Ich werd dich nicht lassen in der Leidenszeit.

Und ich will, will, will, will, will, will, will, will, will für dich sterben,
will, will, will, will, will, will, will für dich leiden,
will, will, will, sein für dich da.

Tanzen für dein Wohl, tanzen dass du lachen kannst,
dass du nicht mehr mögest leiden, befreit von deiner Herzens Last.
Gibt es etwas das du willst, so sage es und wenn du mich leiden
lassen willst
so lasse mich leiden.
Ich tue alles für dich alles, alles egal was es ist.
Wenn du willst so nimmst du mir das Herze und mache mit mir was
dir beliebt.
Ich nehme hin was du mir sagst ich nehme hin den Schmerz des
Leides.
Lass mich für dich tanzen dir in Demut mein Herz dir geben.
Mich dir opfern alle Zeit.

Verstoße mich wenn die Zeit kommt und vernichte mich, so mag es
sein.
So will es sein so wird es passieren. Nur dienen dir allein nur, nur dir
allein.
Meine Kraft soll deine sein, deine Schwäche,
meine Schwäche, ich diene dir allezeit.
Tanze in dem Feuer dass die Welt verschlingt, tanze mit mir den Tanz
der nie enden wollenden Qual.
Tanzen in dem Feuer in dem Feuer dass uns verschlingt.
Wollen nur eines unseren Frieden finden, doch die Welt will ihn uns
nicht geben.

So tanzen wir auf den Tischen auf den Bänken und wollen nur den
Frieden finden.
Alles, alles, nur alles wollen wir nicht geben um zu haben
den Frieden den wir brauchen.

Ich will, will, will, will, will, will, will dich nicht verlieren
will, will, will, will, will, will, will dich nicht verlassen
nie von deiner Seite weichen.

Die Flammen lodern mir durch die Brust, reißen mir das Herz entzwei.
Reiß es mir aus meiner Brust und nimm es ganz hin, es gehört nur dir
allein.
Es ist die Welt, die fordert einen Preis, einen Preis der kostet das
Leben.
Möchte leben, möchte sein dein Diener für immer.
Lass mich für dich tanzen auf der Messerschneide des Todes.
Schicke mich für dich in die Schlacht, lasse mich für dich sterben,
lasse mich für dich leiden.
Ich diene nur dir allein. Nur dir diene ich.
Lass mich für dich kämpfen und dich schützen, dich heilen, dein Leid
ertragen.
Diese Welt will das Leid nur sehen, wollen es ihr nicht gönnen.
So nimm mich hin und leite mich zu deinem Glücke,
schleife mich so wie du mich brauchst.

Ich gehöre nur dir, nur dir ganz allein.
Alles was du von mir willst, will ich dir geben.
Möchte dienen, möchte für dich leiden, nur für dich will ich leiden.
Lass mich für dich tanzen den Tanz der vergessenen Qual.
Lasse dich ein auf den Tanz, ich will dir folgen alle Zeit.

Will dir nehmen deine Schmerzen deines Herzens Leid.
Tanzen nur für dich allein in die lang Nacht hinein.
Tanze für dich in dem Feuer dass die Welt bereithält,

um zu schützen dein kleines, reines Herz.
Diene nur dir allein, diene die ganze Zeit nur dir allein.
Möchte für dich leiden, nur für dich alleine leiden die ganze Zeit.
Lasse mich dir dienen alle Zeit.
Tanzen wir zusammen durch des Lebens langen Lauf.
Um der Welt zu zeigen was sie zu fürchten hat, an unserer
gemeinsamen Kraft.
Lass uns zeigen was wir sind, zeigen dass wir sind stark, stärker als
zuvor.
Lass uns tanzen zusammen durch die Welt. Uns zu teilen die restliche
Zeit.
Wollen wir tanzen, so lass uns tanzen für die ganze Zeit.
Diene nur dir ganz allein, für alle Zeit.
Tanzen wir zusammen nur noch durch die Welt, wie einst wir es
taten.

Die Welt wird erzittern und uns verzeihen. Tanz, tanz, tanz, tanz die
ganze Zeit.
Nur dir, nur dir diene ich alle Zeit.
Lasse helle leuchten deiner Seele Licht.
Lasse es leuchten um zu sehen im Dunkel dieser Zeit.
Tanzen wir zusammen für immer zusammen.

Freunde

Sie gehen für Freunde in die Hölle
Um Freunde zu finden gehen sie in den Tod.
Die Freunde suchen Frieden im Rot des Himmels Höhe.

Heute brennt die Welt im Feuer
der Freunde, die versprachen da zu sein.
Es richtet nur der Tod im Feuer
Lasst die Glocken läuten

Wahre Freunde gibt es selten
Umso wichtiger, dass du hältst sie fest im Herzen.
Lasse nicht los deine Freunde.
Denn sie lassen nicht los ihre Freunde in der Dunkelheit.

Heute brennt die Welt im Feuer
der Freunde, die versprachen da zu sein.
Es richtet nur der Tod im Feuer
Lasst die Glocken läuten

Leise schreiten sie durch die Welt.
Zu zeigen was sie haben
aneinander, dass sie stehen geeint.
Wandern über Berge, durch Täler,
Kämpfen geeint im großen Krieg.

Heute brennt die Welt im Feuer
der Freunde, die versprachen da zu sein.
Es richtet nur der Tod im Feuer
Lasst die Glocken läuten

Freunde sollt ihr sein
Geeint in Freundschaft, verbunden für alle Zeit.
Nur helfen ihr sollt.
Wahrt den Frieden, den ihr fandet.
Vor dem Grause dieser Zeit.

Frieden
werdet ihr finden
in der Qual, in der Ruh'

XXVIII

Sie rücken vor
Ihre Reihen sind geschlossen
Wollen nur Verderbnis bringen
Diesem armen Land.
Ihnen steht nichts im Weg
sie marschieren immer weiter

Ihnen stellt sich in den Weg,
der Engel Andoris
fordert auf zur Umkehr,
doch verspotten sie ihn.
So sie fordern seinen Zorn.

<<Ich warne euch, geht nicht weiter.
Sonst muss ich euch töten und das mache ich nicht gerne.
So geht bitte zurück, sonst muss ich euch vernichten.
Gehet heim, gehet heim.
Sonst werdet ihr nie mehr sehn,
euer Vaterlandes Boden.>>

Sie rennen auf ihn los
mit erhob'nen Waffen.
Eine Träne in seinem Auge, wischt er sich weg.
Peitscht durch die Luft, sie fallen wie die Fliegen.
Reißt ihnen die Seelen raus,
wird selbst zum Bösen.
Zermalmt ihre Körper mit reiner Macht.

Vergebt mir Vater, für diese Tat.
Vergebt ihnen, denn sie sind blind.
Nun sind sie befreit
ich bin gefallen
Vergebt mir...

Zuversicht

Ich sah sie in der Nacht
Mein Herze nahm sie wahr.
Leider ist die Nacht zu kurz geraten
so verschwand sie mit dem Monde

Gefunden in dem Tale
das in Dunkelheit gehüllt.
Geheimnisse gewahret für den letzten Tag.
Heute finden wir sie, raus zum letzten Schrei!

Ihr verfallen bin ich heut'
nur ihr ganz allein.
Tanze auf dem Schwerte
Ihr zur Ehre.

Will nur ihr Eigen sein.
Nur ihr dienen alle Zeit.
Ihr verfallen bin ich heute
Will nur ihr Sklave sein!

Trage sie alleine in meinem Herze.
Will für sie der Felsen sein.
Heute kämpfe ich
morgen falle ich
nur für sie ganz allein!

Die Zuversicht, die habe ich
Dass ich ihr dienen darf.
Ich leide in der Zuversicht.
Dass ich bin
ihr Fels allein.

Mit dir

Mit dir reisen wir, durch der Welten dunkles Tal.
Ohne dich ist das Lichte weit.
Mit dir tanzen wir auf den Tischen der letzten Fähre.
Heute ist der Tag der letzten Zeit!

Mit dir, in der letzten Zeit, stehen wir geeint
vor der ew'gen Pforte
zu fordern den Preis der letzten Seele.
Den Preis zu zahlen wir nicht wollen.

Ohne dich ich bleiben muss
an jenem kalten Orte.
Ohne dich zerfällt meine Seele
in der Kälte.

Mit dir reise ich am liebsten
mit dir stehen wir geeint im kalten Tale.
Ohne dich sind wir nur
TOT!

Heute fleh ich
morgen steh ich
Vor dir und halte deine Hand
in der Feuersbrunst der letzten Zeit.

Mit dir stehe ich an der Klippe
die zu brechen droht.
Uns zu trennen, doch
ich lasse nicht
uns reißen entzwei.

Heute trete ich in die Dunkelheit
dir zu schützen deine Seel'
nimm an mein Opfer
zum ew'gen Frieden.

Blaue Schwingen

Unter den Blauen Schwingen
liegt ein Wesen.
Gar klein und rein seine Seele nur sei.
Geschützt durch die Blauen Schwingen.

Es erhebt sich leis'
der Blaue Drache
spreizt die Flügel
Brüllt laut seinen Morgengruß.

Schwingt sich in die Luft.
Lässt erbeben den Erdenkreis.
Vor Furcht fliehen alle Vögel
Vor Furcht fallen alle Waffen.

Wollen ihn in der Nacht erlegen
Doch er verbrennt sie allesamt.
In der Nacht, da fliegt er fort.
Nimmt alles mit.

Sein Blau erstrahlt das letzte Mal
im Sonnenuntergang.
Er ward nie mehr gesehen.
Sein Blau verschwand für immer.

Seine Blauen Schwingen
zeigen sich am Horizont.
Ein Feuerstrahl bricht aus seinem Maule
Verschlingt der Freunde Feinde.

Heute ist er da, der Blaue Drache
morgen will er nur noch eins.
Den Frieden, der genommen,
zurückerlangen in der ew'gen Zeit.

Heilig

Heilig ist der Boden
auf dem du stehst
Heilig sind die Hallen
in denen du wandelst.

Heute stehst du auf heiligem Boden
denn dies sind heilige Hallen.
An diesem Orte ruhen
der Vorfahren Gebeine.

Heilig ist der Boden
auf dem du stehst
Heilig sind die Hallen
in denen du wandelst.

An diesem Orte standen einst geeint
die Paladine jener Zeit
Sie verließen jenen Ort
ließen zurück das heil'ge Schwert.

Heilig ist der Boden
auf dem du stehst
Heilig sind die Hallen
in denen du wandelst.

Paladine jener Zeit,
heilig bis zum letzten Mann
kehren heim in die heil'gen Hallen
Aus denen sie einst gingen.

Heilig ist der Boden
auf dem du stehst
Heilig sind die Hallen
in denen du wandelst.

Heilig allein nur du bist
Meister im Himmel
Diese Hallen sind nur dir geweiht.
Heute sie nur dir gehören
zu bringen ew'gen Ruhm.

Heilig ist der Boden
auf dem du stehst
Heilig sind die Hallen
in denen du wandelst.

Die Paladine knien nieder
wollen nur dir dienen
Sie alle kehren zurück
Zu deinem HEIL'GEN THRON

Schwarz

Schwarz die Macht, die mich umgibt.
Will mir brechen meinen Willen.
Scheitert an des Herzens Macht.
Schwarz die Macht, die heute wütet.

Brennt dunkel durch die Nacht,
in der Stadt der Seelenruh.
Habt nur vergessen
DUNKEL die Macht, die uns umgibt.

Ihr wollt nur fliehen
Ihr wollt nur flehen.
Doch euch hört keiner.
Denn alles ist tot!

Es brennt der Wald
Es brennt die Stadt.
Ihr seht nur Leid
ihr seht nur Qual.

Vergessen ihr habt
Dunkel die Macht, die uns umgibt.
Verbrennt im Feuer der ew'gen Zeit
habt keine Zeit zur Buße
nur heute ihr seid
TOT

Kopflos

Kopflos die meisten sind
wissen nicht was sie anrichten
Wollen nur scheinbar lebend sein
Vergessen aber was dies heißt.

Wollen alle nur eines
Frieden finden
sähen dabei nur den Sturm
des großen Leids.

Sie tanzen durch den Wald
wollen nur erreichen
Den Frieden, den sie verloren haben
in dem Sturm der Qual.

Übersehen ihrer Freunde Leid
um nur zu finden ihr eigenes Wohl.
Bringen um der Freunde Seelen
nur um zu finden ihr eigenes Wohl.

Heute sind sie herzlos
morgen schon kopflos.
So will es der Friede
So bekommt es das Leid.

Kopflos für den Frieden
für den Frieden der Freunde.
Friede für die Seele
Kopflos in alle ZEIT

Dankesworte

Lasse dich nicht los
lasse dich nicht fallen
in des Grabes kalten Griff.
Stehe bei dir in dunkler Zeit,
lasse dich nicht los.

Du wirst nicht allein sein,
dies versprech ich dir heut'.
Lasse mich an deiner Seite weilen
das Leid wird von dir weichen.
Allein wirst du nicht mehr sein.

Du willst nicht mehr alleine sein.
Das wirst du auch nie mehr sein.
Ich lasse dich nicht mehr los.
Stehen wir geeint im dunklen Tale.
Du bist mein Licht.

Versprochen habe ich es dir.
So lasse mich beweisen.
Du bist gar lieb und fein.
Kleiner Diamant im dunklem Licht.

Nimm meine Hand, ich lasse dich nicht los.
Vertraue mir nur dies eine Mal.
Wir schreiten zusammen durch das dunkle Tal
Stehen geeint vor den Hallen heut'.

Ja wir stehen zusammen.
In alle Zeit.

Nur du allein, bist des Dunkels Abgesang
Bedanke mich bei dir für die Gnade heut'.
Danke dir für alles.

Wut

Die Saat der Wut ist verteilt
Geerntet wird nur der blanke Hass.
Zu verderben der Seelen Ruh'
Zu bringen reines Verderben

Ihr sollt nur leiden
sollt nur Schmerzen haben
alles andere ist zu viel wert.
Ihr habt versaut eurer Seelen Ruh'

Bringe euch das letzte Wort.
hören nur allein ihr sollt.
Werdet fallen wie die Fliegen
in meinem Feuerglanz

Habt nur gewollt meine Seele
bekommt nur ihre reine Wut.
Verbrennt in ihr
habt es nicht anders verdient.

Verderbe eure kleinen Herzen
um zu schützen die Herzen
dir mir wichtig sind
Verbrenne alles in meiner Wut

Habt nichts anderes verdient
als die reine Wut
Verbrenne ich mit ihr,
denn ihr seid
nichts WERT.

Heute seht ihr
morgen spürt ihr
meine reine
WUT

Tod

Ich sehe sie in der Dunkelheit.
Für mich sie ist das Licht.
Das erhellt die Dunkelheit
Sie steht erhöht auf Riff.
Setze mich zu ihren Füßen
lausche ihre Worte.
Sie zu erfüllen mein größter Wunsch.

Sie ist die Königin der Nacht
ihr Wunsch ist mir Befehl.
Für sie jage ich
für sie stehe ich ein.

Hier steh ich, hier falle ich
tanze auf dem Schwerte zu ihrer Ehr'.
Will fangen ab den Schaden der nur ihr gilt.
Sie ist eine gute Seele, hat dies nicht verdient.
Sie zu schützen ist mein Wunsch.
Nur gehalten durch der dunklen Macht.

Sie ist die Königin der Nacht
ihr Wunsch ist mir Befehl.
Für sie jage ich
für sie stehe ich ein.

Brülle laut in die Welt:
Hier bin ich!
Die Gnade scheint ihr aus den Augen.
Ihre Seele ist rein.
Sie ist die Königin der Nacht.

Ihre Macht ist groß, sie ist gebrochen
durch der Menschen Abgrund.

Sie ist die Königin der Nacht
ihr Wunsch ist mir Befehl.
Für sie jage ich
für sie stehe ich ein.

Ihr allein
trage ich zu Ehren
ihrer Seele Last.
Heute brecht ihr mich nicht.
Müsst brechen erst meine Kraft.

Ihr seid erbärmlich, wollt nur sterben
Holt euch den Tod.
Ich bringe ihn euch gern.
Nur sie bekommt ihr nicht.
Ich diene ihr.
Sie ist mir wichtig.
Denn sie ist die Königin der Nacht.
Für mich die Beste.
Für euch zu gut.

Leiden lasset ihr mich nicht mehr.
Heute leidet ihr gar sehr.
Und findet nur noch eins:
Den TOD!

Nur im Dunkeln

Nur heute will ich
euch verzehren
euch entreißen
euer dunkles Herze.

Nur ihr seid
dem Untergang geweiht
wollt's nicht wissen
nun ist's zu spät

In der Dunkelheit
findet ihr nur
Finsternis
nur das Dunkel der Welt

Nur heute
brennt das Feuer
der Verdammnis
der Ewigen.

Nur die Welt
weiß allein,
wie die Nacht
sich wandelt.

Nur in der Dunkelheit
ist Licht zu sehen
Nur im Dunklen siehst du Licht
Nur allein bist du todgeweiht

Nur dein Herz
kann sagen was du fühlst
Nur du allein
bist dein Meister.

Ritter

Ritter schwören Treue ihrem Herrscher
Ihm zu folgen ihre einz'ge Pflicht.
Dienen ihm bis in den Tod.
Folgen ihm in die Schlacht, in den Frieden
bewahren des Königs Leben in eisernen Händen.

Ritter tragen Waffen
Tragen Schilde
Schützen ihren Herrscher mit ihrer Macht
Gehen für ihn in den Tod.

Wollen sehen, sein Leben in sicheren Händen.
Dienen bis in den Tod hinein, nur ihrem Herrscher allein.
Stehen Tag um Tag an seiner Seite.
Weichen nicht, bis er sie schickt
in den Tod hinein.

Ritter tragen Waffen
Tragen Schilde
Schützen ihren Herrscher mit ihrer Macht
Gehen für ihn in den Tod.

Den Herrscher beschützt mit ihrem Leben,
gebracht in Sicherheit.
So zahlen sie nun den Preis,
Die Ritter der großen Runde,
Zahlen alle mit dem Leben
Doch der Herrscher er lebt weiter.

Ritter tragen Waffen
Tragen Schilde
Schützen ihren Herrscher mit ihrer Macht
Gehen für ihn in den Tod.

Ohne seine Ritter er nun flieht.
Auf der Suche nach neuen.
Die ihm dienen bis in den Tod hinein.
Fand er welche, fand er die richtigen.

Ritter tragen Waffen
Tragen Schilde
Schützen ihren Herrscher mit ihrer Macht
Gehen für ihn in den Tod.

Sie schützten ihn. Sie ließen ihn fallen.
Töten ihn in dunkler Stunde.
Die schwarzen Ritter aus Angor.
Zur Rechenschaft gezogen, durch des Herrschers Söhnen.
So zahlten auch sie den Preis.
Des Lebens Ende.

Ritter tragen Waffen
Tragen Schilde
Schützen ihren Herrscher mit ihrer Macht
Gehen für ihn in den Tod.

Finden sie auch nur den Tod
So dienen sie auch bis zum Tod
Ihr Preis ist nur der
TOD!

Paladin

Reines Licht gefangen
in einem Körper
Treibt diesen an
zu guten Taten

Hat nur ein Ziel
Erlösung zu finden
heimzukehren
in das Lichte
Dem er wurde entrissen.

Der Paladin wandert lautlos
Durch uns're düstere Zeit.
Sucht Frieden, findet nur Leid.
Entschwindet aus der Stadt
verlässt das Land

Betritt die Dunkelheit
die uns umgibt
sucht dort Frieden, findet aber Leid.

Er wandert umher
kann nicht finden Ruh'.
Paladin
du armes Wesen
wanderst nur durch uns're Zeit.

Suchest Freude
Suchest Licht.
Findest nur das reine Leid.

Willst entfliehen uns'rer Welt
Es gelingt nur nicht

Sie hält dich fest in ihren Klauen
will dir nur das Herz entreißen
Dich verderben und vernichten

Paladin, entfliehe dieser Welt
bevor du sterben wirst.

SchattenWald

In den Schatten jenes Waldes,
wanderst du umher
auf der Suche nach dem Frieden
deiner Ruh'.

Fandest in dem Walde nur
deinen ew'gen Tod
Überfallen, umgebracht
unter einer alten Eiche.

Wanderst ziellos in dem Walde
Wo die Schatten tanzen und verzehren
der Lebenden Herzen

In dem Walde leben sie
die Dämonen Geister uns'rer Tage
verschlingen alle Freude, alle Liebe
lassen nur das Leide zu.

Hast nicht aufgepasst
in dem SchattenWald
so wurdest du Teil
der ew'gen Toten
Die hausen in dem Walde
Verbannt aus der Lebenden Welt

Verstoßen in den SchattenWald
wo nur leben die Toten uns'rer Zeit
Finde Ruhe, finde Frieden
finde nur nicht deinen Tod.

Ehranbietung

Erstarrt das Herz zu Eis,
so die Einsamkeit an ihm nur nagt.
Bring Feuer aus reiner Liebesglut
um zu wärmen das kalte Herz.

Entzieh ihm Gnade, entzieh ihm Liebe
so es wird zugrunde gehen
Aus reiner Einsamkeit
das kalte Herze langsam stirbt

So entfache das Feuer,
halte, was dich innerlich erwärmt.
Gib nie nach
es sei dein Leben sonst nur verwirkt.

Herz aus Eis
geschmolzen mit Feuer aus reiner Liebe.
Herz du schlägst,
kämpfe jeden Tag.

Aufzugeben
nie dein Weg sei,
denn zu groß ist,
was du empfandst.

Oh kaltes Herz gib nie auf,
denn Verzagen den Schmerz nur stärkt
Halt dich fest an Freud und Freund
Halt stets in Ehre, was man dir getan

Kaltes Herz, bleib am Leben
genieße jeden Tag
lächle jeden Tag
und Wärme dich erreicht